BEI GRIN MACHT SICI
WISSEN BEZAHLT

C000226152

- Wir veröffentlichen Ihre Hausarbeit,
  Bachelor- und Masterarbeit

- Ihr eigenes eBook und Buch -
  weltweit in allen wichtigen Shops

- Verdienen Sie an jedem Verkauf

Jetzt bei www.GRIN.com hochladen
und kostenlos publizieren

Bibliografische Information der Deutschen Nationalbibliothek:

Die Deutsche Bibliothek verzeichnet diese Publikation in der Deutschen National-
bibliografie; detaillierte bibliografische Daten sind im Internet über http://dnb.d-
nb.de/ abrufbar.

Impressum:

Copyright © 2013 GRIN Verlag, Open Publishing GmbH
Druck und Bindung: Books on Demand GmbH, Norderstedt Germany
ISBN: 9783668617957

Dieses Buch bei GRIN:

https://www.grin.com/document/382696

Stefanie Holzmann

Juden im Kaiserreich. Eine didaktische Ausarbeitung

GRIN Verlag

GRIN - Your knowledge has value

Der GRIN Verlag publiziert seit 1998 wissenschaftliche Arbeiten von Studenten, Hochschullehrern und anderen Akademikern als eBook und gedrucktes Buch. Die Verlagswebsite www.grin.com ist die ideale Plattform zur Veröffentlichung von Hausarbeiten, Abschlussarbeiten, wissenschaftlichen Aufsätzen, Dissertationen und Fachbüchern.

Besuchen Sie uns im Internet:

http://www.grin.com/

http://www.facebook.com/grincom

http://www.twitter.com/grin_com

Fach: Didaktik der Geschichte

Seminar: Praxis-, handlungs- und problemorientierter Unterricht am Beispiel der
Stolpersteine

Eine didaktische Ausarbeitung zum Themenschwerpunkt
Juden im Kaiserreich

Gliederung

1. Einleitung

So alt wie die Geschichte der Religionen, sind auch die Überlieferungen von religionsbedingten Verfolgungen, Ausgrenzungen und Verboten. Jedes Zeitalter brachte neue religiöse Strömungen und Gegenströmungen mit sich. Eine der in der Geschichte bis heute prägnantesten religionsbedingten Rassendiskriminierungen ist wohl jene zwischen dem christlichen und dem jüdischen Glauben.

Seit Anbeginn ist die Entstehung des Christentums von antisemitischen Strömungen gekennzeichnet. Dieses angespannte Religionsverhältnis, wurde zu einem integrativen Gesellschaftsproblem welches sich ab dem 19. Jahrhundert in Form des „modernen" Antisemitismus intensivierte.

Das Thema der nachfolgenden Arbeit ist deshalb das Leben der Juden im Kaiserreich und die Entwicklung von der durch die Verfassung des Jahres 1871 angestrebten Gleichberechtigung der jüdischen Bevölkerungsschicht bis hin zum Aufkommen erster antisemitischer Strömungen.

Im Nachfolgenden soll ein Abriss über die gesellschaftliche Stellung der Juden im Kaiserreich gegeben werden. Zusätzlich soll die Veränderung des Judenbildes innerhalb der deutschen Gesellschaft in eben dieser Zeit, mit Hinblick auf eine Betrachtung des Antisemitismus im dritten Reich, dargelegt werden.

Um diese zu ermöglichen, wird zunächst der historische Kontext der sich stetig verändernden gesellschaftlichen Stellung der jüdischen Bevölkerung betrachtet. Der Schwerpunkt soll hierbei auf dem jüdischen Leben im Kaiserreich liegen. In diesem Zusammenhang werden dann die Gründe für die auftretende oppositionelle Stellung gegen die Juden erforscht. Dies wird anhand ausgewählter Quellen erfolgen, welche die Themenschwerpunkte unterstützen.

Den Abschluss bildet ein methodisch-didaktischer Teil. Hier erfolgt die Verortung des Themenkomplexes innerhalb des Lehrplans. Ebenso werden die Lernziele, sowie die Lerninhalte des Themenschwerpunktes dargestellt und durch eine, die Lernergebnisse zusammenfassende Skizze, abgerundet.

2. Juden im Kaiserreich – Eine Darstellung des historischen Kontextes

Die Geschichte der jüdischen Glaubensgemeinschaft ist geprägt von Verfolgungen, Verleumdungen und Hetzjagden. Bereits unter Kaiser Konstatin wurde der jüdische Glaube geächtet und sogar durch Gesetze und Verbote diskriminiert. Diese Entwicklung intensivierte sich mit der Zunahme einer immer deutlich werdenden wirtschaftlichen Überlegenheit der Juden, welche sie schnell zum Objekt des Neides und der Ausgrenzung werden ließ.[1]

2.1. Die jüdische Emanzipation – Entwicklung einer integrativen gesellschaftlichen Stellung

Bis ins ausgehende 18. Jahrhundert bildeten die Juden eine Gruppe außerhalb der ständischen Ordnung. Durch Einschränkungen und Sondergesetze, spezielle Steuerlasten, sowie Schutzgeldzahlungen schrieb man ihnen eine Randposition innerhalb der bestehenden Gesellschaft zu. Zudem blieben, aufgrund strikter Restriktionen, viele Berufswege für die jüdische Gemeinschaft verschlossen, weshalb der Großteil als Kleinhändler und Hausierer beschäftigt war; trotzdem lebten viele Familien in Armut.[2]

Erst Ende des 18. Jahrhunderts kam es durch die französische Revolution und dem damit verbundenen aufklärerischen Gedankengut zu einer Veränderung der „jüdischen Situation". Nach zaghaften Versuchen, die gesellschaftliche Stellung der Juden zu emanzipieren, wurde nun erstmals durch die französische Nationalversammlung ein gleichgestelltes Bürgerrecht realisiert.[3] Auslöser hierfür war die Forderung des Abgeordneten Stanislaus Comte de Clermont- Tonnerre :

„Il faut tout refuser aux juifs comme nation, il faut tout leur accorder comme individues."[4]

Unter Nachwirkung der französischen Revolution begannen auch die deutschen Staaten allmählich eine jüdische Emanzipation umzusetzen. So wurden 1812 die

---

[1] Vgl. Grätz, G. Dr.: Geschichte der Juden vom Untergang des jüdischen Staates bis zum Abschluss des Talmunds. Leipzig, 1866. S. 330-345.

[2] Vgl. Jaecker, Tobias: Judenemanzipation und Antisemitismus im 19.Jh. (März 2002). Url: http://www.jaecker.com/2002/03/judenemanzipation-und-antisemitismus-im-19-jahrhundert/(12.Sept. 2013).

[3] Vgl. Benz, Wolfgang (Hgs.): Handbuch des Antisemitismus Judenfeindschaft in Geschichte und Gegenwart. Band 3. Berlin, NewYork 2010. S. 65f.

[4] *„Den Juden als Nation ist alles zu verweigern, den Juden als Mensch alles zu gewähren."* Zitat aus Miething, Christoph: Politik und Religion im Judentum. Tübingen, 1999. S. 137, Z.11ff.

jüdischen Bürger in Preußen in den preußischen Staatsbürgerstand erhoben. Dies war ein bedeutender Wendepunkt in der Emanzipationsgeschichte des jüdischen Volkes.[5]

In der Folgezeit kam es zu einer Welle der kulturellen Anpassung und zur Verbürgerlichung der jüdischen Glaubensgemeinschaft. Statt strikten Beharrens auf die Einhaltung von Bräuchen und Sitten, öffneten sich einige jüdische Gemeinschaften. Neben dem Besuch der Volksschule, wurde auch der Besuch der Universität zu einer gesellschaftlichen Normalität für viele jüdische Mitbürger. Man modernisierte nicht nur die Bereiche des gesellschaftlichen, sondern auch die des religiösen Lebens. So wurden moderne Religionsschulen errichtet und Predigen in deutscher Sprache während der Sabbatgottesdienste verlesen. Dennoch blieb auch diese Zeit der Anpassung nicht von Unruhen und judenfeindlichen Ausschreitungen verschont. Durch die aufkommende Verbesserung der allgemeinen wirtschaftlichen Lage in der Mitte des 18. Jahrhunderts konnte sich die Thematik der Judenfrage entspannen und schließlich wurde die Emanzipation der Juden durchgesetzt. Diese kann aber nur unter dem politischen Aspekt als erfolgreich gewertet werden, denn gesellschaftlich stand die vollständige Akzeptanz der jüdischen Bevölkerungsgruppe als vollwertiges Gesellschaftsmitglied auf gläsernen Füßen.[6]

2.2. Die Juden im Kaiserreich und ihre gesellschaftliche Stellung

Dank der bis 1860 endgültig durchgesetzten Emanzipation konnte sich die Gemeinschaft der Juden zu einem Bestandteil der Gesellschaft entwickeln. Im Kaiserreich lebten 512 000 Juden, was einem Bevölkerungsanteil von 1,25% entsprach. Sie bildeten somit eine Minderheitsgruppierung innerhalb der deutschen Bevölkerung. Durch den industriellen Aufschwung und der im späten 19. Jahrhundert aufkommenden Urbanisierungswelle, sowie durch die neue integrativen Stellung, war es vielen Juden gelungen sich aus der unterdrückten und verarmten Position zu befreien und sich einen Wohlstand zu erarbeiten. Vor allem im Handel, aber auch im Bankenwesen waren die Juden stark vertreten. Bekannte Namen sind hierbei die Privatbänker Rothschild, Speyer und

---

[5] Vgl. Miething. S. 138ff.
[6] Vgl. Jaecker, Tobias.

Oppenheim. Auch im Verlagswesen konnten sich einige Juden gut etablieren. Da jedoch weiterhin viele staatliche Karrierewege, sowie Positionen in der Verwaltung, in Schulen oder bei der Armee für sie versperrt oder unerreichbar blieben, zeichnet sich vor allem im Kaiserreich eine, an ihrer Bevölkerungsdichte gemessene, starke Konzentration von Juden in den Berufsfeldern der Medizin und der Juristerei ab. [7]

Auch die berufliche Situation der Landjuden veränderte sich. Die Tage als Hausierer und Kleinhändler waren gezählt. Während zu Beginn des 19. Jahrhunderts etwa 90% der jüdischen Landbevölkerung in diesem Gewerbezweig tätig waren, sank die Zahl bis 1895 auf 8% ab. Nun agierten sie vor allem als Landbesitzer und Kaufleute. Die Akzeptanz gegenüber den jüdischen Mitbürgern stieg. Vielerorts waren diese Mitglieder in Vereinigungen, Vereinen oder bei der ansässigen Handelskammer beschäftigt.[8]

Auch im Bildungssektor konnten sich die jüdischen Mitbürger integrieren. Der Anteil der die Volksschule besuchenden Juden stieg stark an und die Möglichkeit des Universitätsbesuches wurde von vielen genutzt.[9]

Die funktionierende Integration der jüdischen Minderheitsgruppe und deren Etablierung in der Mittel – und Oberschicht gab jedoch bald eine fruchtbare Basis für eine antisemitische Opposition. Hatte man die Juden zu Beginn wegen ihrer unangepassten und verarmten Situation verhöhnt und erniedrigt, denunzierte man sie nun aus Neid über ihre gefestigte wirtschaftliche und kulturelle Stellung innerhalb der Gesellschaft.

2.3. Antisemitismus im Kaiserreich

Vor allem durch ihre stabilisierte und integrative Situation wurde die jüdische Minderheitsgruppierung schnell zum Angriffspunkt bei wirtschaftlichem, gesellschaftlichem und politischem Versagen. Die Ideale der französischen Revolution - Freiheit, Gleichheit und Brüderlichkeit - welche den Grundstein für

---

[7] Vgl. Berghahn, Volker R.: Handbuch der deutschen Geschichte in 24 Bänden, Das Kaiserreich (1871-1914). Band 16. 2006. S. 168ff.
[8] Vgl. Jaecker, Tobias.
[9] Vgl. Berghahn. S. 169.

die jüdische Emanzipation bildeten, hatten sich deutlich nur auf politisch-sachlicher Ebene durchgesetzt und nicht in den Individuen verfestigt.

Die volksverwurzelte Empathie gegen die jüdische Bevölkerungsgruppe lebte in der Gesinnung der Gesellschaft fort und brach 1873 erneut ans Tageslicht.[10]

Der Börsenkrach im Oktober 1873 und die damit verbundenen Gründerkrise brachten den Judenhass auf ein neues Level. Aus dem „jüdischen Wucherer" des Mittelalters war nun der „jüdische Kapitalist" der bürgerlichen Gesellschaft geworden, der fortan als Sündenbock für die wirtschaftlichen Zusammenbrüche an den Pranger gestellt werden konnte.[11]

Der deutsche Jornalist Willhelm Marr nutzte die Gunst der Stunde um 1879 mit seinem Pamphlet "Der Sieg des Judenthums über das Germanenthum" die angespannte judenfeindliche Situation zu verschärfen und ihr einen antisemitischen und erstmals sogar rassistischen Charakter zu verleihen. Er begründet den Antisemitismus nicht mehr religiös, sondern rassistisch und verschärft mit seinen Aussagen Verschwörungstheorien über eine geplante jüdischen Weltherrschaft:

> „[...] ja ich bin überzeugt, ich habe gesagt was Millionen Juden im Stillen denken: Dem Semitismus gehört die Weltherrschaft! Sprecht es also ebenfalls offen aus ihr Juden [...]."[12]

Die Schrift Marrs setzt ein eindeutiges antisemitisches Zeichen, welches zum Ursprung eines Antisemitismusstreites in Berlin wurde. Die „Antisemiten-Petition", welche sich gegen eine Gleichstellung der Juden aussprach, wurde von einer viertel Millionen Bürger unterschrieben. Die Forderungen nach einer erneuten Ausgrenzen der etablierten Juden wurde laut. Jüdische Bücher und Schriften wurden nun in einen Zusammenhang mit dem Börsenzusammenbruch gestellt und der Jude wurde zum legitimen Sündenbock.[13]

---

[10] Vgl. Claussen, Detlev: Vom Judenhass zum Antisemitismus Materialien einer verleugneten Geschichte. Darmstadt, 1987. S. 9.
[11] Vgl. Benz, Wolfgang. S. 181.
[12] Zitat aus: Marr, W.: Der Sieg des Judenthums über das Germanenthum. Bern, 1879. S.46.
[13] Vgl. Jaecker, Tobias.

Um den unaufhaltsam aufkommenden Antisemitismus innerhalb der Gesellschaft zu unterbinden, gründete sich 1891 der Verein zur Abwehr des Antisemitismus. Zwei Jahre später schloss sich dann der „Central-Verein deutscher Staatsbürger jüdischen Glaubens" zusammen. Er bestand zu großen Teilen aus liberalen Kreisen des Bürgertums.[14]

Mit dem ausgehenden 20. Jahrhundert veränderte sich die Situation der Juden erneut. Bis zum Ausbruch des ersten Weltkrieges gelang es vielen, trotz Angriffen und Anfeindungen, sich wirtschaftlich zu etablieren und ihren gesellschaftlichen Standpunkt zu stabilisieren. Die antisemitischen Parteien verloren an Energie und Sprungkraft. Mit dem Ausbruch des ersten Weltkrieges und dem damit aufkommenden Nationalgefühl wurde die jüdische Bevölkerungsgruppe integrativer Teil der deutschen Bevölkerung. Doch mit ausbleibenden Kriegserfolgen wurde erneut die Stelle für einen „Sündenbock der Nation" frei und der Antisemitismus lebte erneut auf.[15]

Wie bereits Jahre zuvor durch das Hamburger Programm der Vereinigten Antisemiten Parteien anvisiert und propagandiert wurde, sollte sich die nationale Judenfrage im 20 Jahrhundert zu einer Weltfrage entwickeln.[16]

3. Methodisch- didaktische Aufbereitung des Themas

Antisemitismus, Judenfeindlichkeit und Rassenlehre stehen heute im Interessensmittelpunkt des Geschichtsunterrichts. Durch Geschichte lernen, sie erkennen und sie anwenden um Fehler in Zukunft zu vermeiden ist das größte Anliegen. Auch das Thema „Juden im Kaiserreich" zählt zu diesem Themengebiet. Unerlässlich ist für die erfolgreiche Vermittlung eines solchen Themenbereiches eine adäquate und gegenwartsorientierte didaktisch-methodische Aufbereitung.

---

[14] Vgl. Jaecker, Tobias.
[15] Vgl. Jaecker, Tobias.
[16] Vgl. Wehler, Hans Ulrich. S. 112.

3.1. Verortung des Themas im Lehrplan

Betrachtet man die erste Ebene des Lehrplans für das G8 Gymnasium in Bayern so kann das Thema „Juden im Kaiserreich" bereits hier verortet werden. So setzt sich der Lehrplan das Ziel dem Schüler bei der Schaffung einer kulturellen Identität zu unterstützen und ihn an einer Werteerziehung teil haben zu lassen. So beschreibt die erste Ebene:

Der gymnasiale Unterricht [...] begleitet die Schüler auch bei ihrer Suche nach Sinn und Orientierung; dazu gehört auch die Wahrnehmung der religiösen Dimension des menschlichen Lebens. Durch die Begegnung mit der europäischen Kultur [...] in der jüdisch-christlichen Tradition ihre Wurzeln hat [...]entwickeln die Schüler ebenso wie durch die Auseinandersetzung mit aktuellen Fragen Maßstäbe, mit deren Hilfe sie ihr Leben selbstbewusst und urteilssicher meistern können.[17]

Zusätzlich will das Gymnasium dem Schüler *„breites kulturelles, ethisch-religiöses und ökonomisches Wissens- und Wertefundament"[18]* vermitteln.

Die hier in der ersten Ebene umrissenen Ziele, können durch die Behandlung des Themenkomplexes der „Juden im Kaiserreich" gedeckt werden. Durch das Hinleiten zum Antisemitismus wird der Schüler zum Überdenken seiner eigenen Wert angeregt, ihm wird die religiöse Dimension des menschlichen Lebens zum Bewusstsein geführt indem er sich mit der Geschichte der jüdisch-christlichen Tradition auseinandersetzen muss.

Die zweite Ebene, das Fachprofil des Faches Geschichte fordert:

„[...] Erziehung zu einer Haltung der Aufgeschlossenheit und Toleranz gegenüber dem Neuen und Anderen auf der Grundlage klarer persönlicher Wertvorstellungen von besonderer Bedeutung."[19]

Auch diese Anforderung kann das Thema „Juden im Kaiserreich" decken, denn der Schüler wird durch die Themenabhandlung auf Toleranz und Aufgeschlossenheit geschult.

---

17 Zitat aus: Fachinformation das Gymnasium in Bayern: http://www.isb-gym8-lehrplan.de/contentserv/3.1.neu/g8.de/index.php?StoryID=26350 (12.Sept. 2013).
18 Zitat aus: Fachinformation das Gymnasium in Bayern: http://www.isb-gym8-lehrplan.de/contentserv/3.1.neu/g8.de/index.php?StoryID=26350 (12.Sept. 2013).
[19] Zitat aus: Fachinformation für das Fach Geschichte: http://www.isb-gym8-lehrplan.de/contentserv/3.1.neu/g8.de/index.php?StoryID=26390 (12.Sept. 2013).

Das Thema „Juden im Kaiserreich" lässt sich im Fachlehrplan der 8. Jahrgangsstufe einfügen. Unter dem Themenkomplex *„Vom Zeitalter der Aufklärung bis zum Ende des Ersten Weltkriegs", fügt sich das Thema gut in das Teilgebiet* „Politik, Gesellschaft und Wirtschaft in Deutschland 1850 bis 1914" und hier unter den Unterpunkt „Wandel in Gesellschaft und Wirtschaft". Da die Judenfrage vor allem in der Gesellschaft des Kaiserreichs eine etablierte Problemstellung bildete, fügt sich der Themenkomplex an dieser Stelle gut ein. An ihm lassen sich die Umschwünge des wirtschaftlichen Lebens fest machen, ebenso bietet das Thema einen Überblick über die Lebenssituation der Juden und verhilft zu einer zukunftsweisenden Prognose im Hinblick auf die Behandlung der Juden im Dritten Reich.

3.2. Lernziele und Lerninhalte

Um das Thema „Juden im Kaiserreich" erfolgreich umsetzen zu könne müssen zunächst Lernziele und Lerninhalte festgehalten werden.

Primäres Stundenziel soll sein, dass der Schüler in der Lage ist nach Abschluss der Lerneinheit, eine vorausschauende Schlussfolgerung auf die Entwicklung der jüdischen Gesellschaftsposition während des Nationalsozialismus zu ziehen. Ebenso sollte dem Schüler die Abhängigkeit der jeweiligen jüdischen Gesellschaftsposition von der jeweiligen ökonomischen Situation bewusst werden.

Die Schüler sollen mithilfe ihrer Kenntnisse und dem Material in M1[20] ihr Vorwissen zusammentragen und Aussagen über die Ausgangslage der jüdischen Gesellschaft zu Beginn des 18. Jahrhunderts machen können. Somit wird ihre inhaltsbezogene Kompetenz, sowie die Methoden- und Medienkompetenz gefördert.

Durch die Betrachtung des Auszuges M2[21] aus dem gesamtdeutschen Staatsgesetz, soll der Schüler über die Bedeutung der Verfassung von 1871 für die Stellung der Juden innerhalb des Kaiserreiches aufgeklärt werden. Hierbei wird die Kommunikationskompetenz und Methodenkompetenz gebildet.

---

[20] Siehe Anhang
[21] Siehe Anhang

Ebenso sollen die Schüler herausstellen wie die jüdische Gesellschaft versuchte, sich in die des Kaiserreichs einzugliedern. Dabei soll die Grafik M3[22] unterstützend wirken. Durch die Bearbeitung der Grafik wird die Methodenkompetenz, Sachkompetenz und Medienkompetenz geschult.

Einen weiteren Lerninhalt soll die Vermittlung der Gründen für das erneute Aufkeimen eines starken Antisemitismus darstellen. Dazu sollen die Schüler die unter M4[23] abgebildeten Materialien nutzen und eine Feststellung über die Veränderung des gesellschaftlichen Standpunktes der Juden zu treffen und um die Gründe für die neue Judenfeindlichkeit zu erarbeiten. Hier soll vor allem die Sachkompetenz, Methodenkompetenz und Urteilskompetenz gefördert werden.

Abschließend soll der Schüler Material M5[24] betrachten und ein Urteil über die Entwicklung des Judenbildes in der Zeit des Kaiserreiches und der damit verbundenen Stellung innerhalb der Gesellschaft treffen, sowie eine vorausschauende Vermutung für die Zeit nach dem Ersten Weltkrieg aufstellen.

3.3. Das methodische Vorgehen

Geplante Vorgehensweise	Sozialform	Medien
Einleitung der Stunde und Problematisierung durch Auflegen einer Folie mit Material M1 → **Arbeitsauftrag:** Betrachte die Abbildung, wie werden die Juden dargestellt? Was weißt du bereits über die soziale Situation der jüdischen Gesellschaftsgruppe?	SLG	Folie
Verteilen des Arbeitsblattes (Materialsammlung) und Betrachten von Material M2 → **Arbeitsauftrag:** Betrachte den Auszug aus der Verfassung 1871 und stelle heraus wie sich dadurch die gesellschaftliche Stellung der Juden veränderte.	EA; SLG	Material-sammlung
Betrachten der Grafik M3 → **Arbeitsauftrag:** Betrachte die Abbildung und das dazu gegebene Kommentar, inwiefern symbolisiert es die Anpassung der jüdischen	SLG	Material-sammlung

---

[22] Siehe Anhang
[23] Siehe Anhang
[24] Siehe Anhang

Bevölkerung an die des deutschen Kaiserreiches?		
Betrachten der unter M4 angegebenen Materialien → **Arbeitsauftrag:** Lies den Text gründlich durch und betrachte die angegebene Grafik genau. Wie entwickelte sich die wirtschaftliche und gesellschaftliche Situation der jüdischen Bevölkerung? Welche Gründe für das erneute Aufkeimen des Antisemitismus kannst du herausstellen? Vergleiche deine Ergebnisse mit deinem Nachbarn.	EA; PA; SLG	Material-sammlung
Betrachten von M5 → **Arbeitsauftrag:** Inwiefern veränderte sich die gesellschaftliche Stellung der Juden während der Zeit des Kaiserreiches? Angesichts der Entwicklungen, welche Prognose vermutest du für die Zeit nach dem Ersten Weltkrieg?	SLG	Folie

3.4. Die Ergebnissicherung

Die Ergebnissicherung ist ein wichtiger Bestandteil der Unterrichteinheit. Am Ende sollte es dem Schüler durch diese ermöglicht werden, den Stoff erneut zu wiederholen und anhand der wichtigsten Fakten die Stunde zu rekapitulieren. Im Fall des Themengebietes „Juden im Kaiserreich" wird das Tafelbild während des Unterrichts zusammen mit den Schülern erarbeitet und erst am Ende in das Heft übertragen.[25]

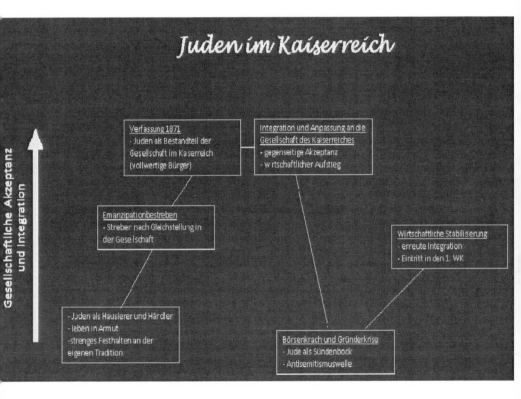

---

[25] Vgl. Sauer, Michael: Geschichte unterrichten. Eine Einführung in die Didaktik und Methodik. Seelze-Velber 2010. S.105.

4. Schlussbetrachtung

Die Integration und Betrachtung des Antisemitismus und allen damit verbundenen Themenkomplexen ist ein integraler Bestandteil des modernen Geschichtsunterrichts.

Durch die Brisanz des Themenkomplexes ist es jedoch unumgänglich, dieses bestmögliches didaktisch zu reduzieren und methodisch- didaktisch aufzuarbeiten.

Das hier dargebotene Thema beschäftigte sich nicht nur mit der Lebenssituation der Juden im Kaiserreich, sondern liefert auch gleichzeitig durch die wissenschaftliche Bearbeitung dem Betrachter einen didaktisch reduzierten Überblick über die Gründe, die zum Aufkeimen einer antisemitischen Gesinnung innerhalb der Gesellschaft des Kaiserreiches führte. Ebenso gibt die Arbeit einen Denkanstoß, über die weitere Entwicklung der gesellschaftlichen Position der jüdischen Minderheitsgruppierung nachzudenken. Denn wie im erstellten Tafelbild eindeutig zu sehen ist, ist die Entwicklung der Gesellschaftsposition der Juden von der Randgruppe zum integrativen Teil bis hin zum verachteten Ausgestoßenen dabei.

Die Frage wie sich die gesellschaftliche Akzeptanzkurve weiter entwickelt und wie die Judenfrage zum Weltproblem wird, sollte in einer weiterführenden Arbeit bearbeitet werden.

5. Anhang

M1

Abbildung aus urheberrechtlichen Gründen für die Veröffentlichung entfernt.

(Quelle : http://www.buehler-hd.de/gnet/neuzeit/antisem/hd/73.htm (12.Sept.2013))

M2

Abbildung aus urheberrechtlichen Gründen für die Veröffentlichung entfernt.

(Quelle: Martin, Theodor: Verfassung und Grundgesetze des
deutsche Reiche zum praktischen Gebrauche. Jena, 1871. S. 167.)

M3

Abbildung aus urheberrechtlichen Gründen für die Veröffentlichung entfernt.

(Quelle: http://www2.klett.de/sikoms/media.php.p/8/411171_s210_211.pdf)

M5

Abbildung aus urheberrechtlichen Gründen für die Veröffentlichung entfernt.

(Quelle : http://www.buehler-hd.de/gnet/neuzeit/antisem/hd/73.htm (12.Sept.2013))

6. Literaturverzeichnis

☐ Benz, Wolfgang (Hgs.): Handbuch des Antisemitismus Judenfeindschaft in Geschichte und Gegenwart. Band 3. Berlin, NewYork 2010.

☐ Berghahn, Volker R.: Handbuch der deutschen Geschichte in 24 Bänden, Das Kaiserreich (1871-1914). Band 16. 2006.

☐ Claussen, Detlev: Vom Judenhass zum Antisemitismus Materialien einer verleugneten Geschichte. Darmstadt, 1987.

☐ Fachinformation für das Fach Geschichte: http://www.isb-gym8-lehrplan.de/contentserv/3.1.neu/g8.de/index.php?StoryID=26390 (12.Sept. 2013).

☐ Fachinformation das Gymnasium in Bayern: http://www.isb-gym8-lehrplan.de/contentserv/3.1.neu/g8.de/index.php?StoryID=26350 (12.Sept. 2013).

☐ Grätz, G. Dr.: Geschichte der Juden vom Untergang des jüdischen Staates bis zum Abschluss des Talmunds. Leipzig, 1866.

☐ Jaecker, Tobias: Judenemanzipation und Antisemitismus im 19.Jh. (März 2002). Url: http://www.jaecker.com/2002/03/judenemanzipation-und-antisemitismus-im-19-jahrhundert/(12.Sept. 2013).

☐ Marr, W.: Der Sieg des Judenthums über das Germanenthum. Bern, 1879.

☐ Martin, Theodor: Verfassung und Grundgesetze des deutschen Reiches zum praktischen Gebrauche. Jena, 1871.

☐ Miething, Christoph: Politik und Religion im Judentum. Tübingen, 1999.

☐ Sauer, Michael: Geschichte unterrichten. Eine Einführung in die Didaktik und Methodik. Seelze-Velber 2010.

☐ Wehler, Hans Ulrich: Das deutsche Kaiserreich 1871-1914. Göttingen, 1994.